Yr Wyddfa

Snowdon

Elin Meek

Gomer

YR WYDDFA

Yr Wyddfa yw mynydd uchaf Cymru. Mae'n 3,560 troedfedd o uchder (1085 metr), ac yn un o'r 15 mynydd yn Eryri sydd dros 3,000 troedfedd. Mae'r Wyddfa ym Mharc Cenedlaethol Eryri, a daw miloedd lawer o dwristiaid bob blwyddyn i ddringo neu i fynd ar daith i'r copa yn y trên bach.

Ar ddiwrnod clir iawn, mae'n bosib gweld yn bell o gopa'r Wyddfa. Gallwch weld heibio i 14 copa uchaf Cymru i Iwerddon, yr Alban, Ardal y Llynnoedd yn Lloegr, ac Ynys Manaw. Mae'n debyg fod modd gweld am 144 milltir (232 km) o'r Wyddfa i Merrick (de'r Alban) – dyma'r pellter hiraf yn ynysoedd Prydain.

SNOWDON

Snowdon is the highest mountain in Wales. It's 3,560 feet high (1085 metres), and one of the 15 mountains in Snowdonia over 3,000 feet. Snowdon is in Snowdonia National Park, and many thousands of tourists come every year to walk or ride to the summit on the train.

On a very clear day, there is a wonderful view from Snowdon's summit. One can see past the 14 highest summits in Wales towards Ireland, Scotland, the Lake District in England and the Isle of Man. It is said that the longest line of sight in Britain is the view from Snowdon to Merrick in southern Scotland at 144 miles (232 km).

Mae'r tywydd ar y copa yn eithafol iawn: 200 modfedd (508 cm) o law bob blwyddyn, tymheredd o rhwng 30°C yn yr haf a -20°C yn y gaeaf, a gwynt o hyd at 150 milltir yr awr. Gall fod barrug, rhew ac eira yno o fis Hydref tan fis Mai.

Mae'r gair 'gwyddfa' yn golygu beddrod o ryw fath. Ar gopa'r Wyddfa, mae carnedd o gerrig i ryw arwr o'r hen oesoedd. Rhita Gawr oedd hwnnw, yn ôl rhai. Yn ôl y chwedl, 'Gwyddfa Rhita' oedd enw gwreiddiol 'Yr Wyddfa'. Mae'n debyg i Rhita fod yn brwydro â holl

The weather on the summit is extreme: 200 inches (508 cm) of rain every year, temperatures between 30°C in summer and -20°C in winter, and winds of up to 150 miles an hour. Snow and ice can be found there from October to May.

The name 'Snowdon' comes from the Saxon 'Snow Dun', which means 'snow hill'. The Welsh name 'yr Wyddfa' means a kind of tumulus. On Snowdon's summit, there is a stone cairn for a hero from the distant past. Some claim it's the tomb of Rhita, a giant ogre who used to live in

frenhinoedd eraill Prydain. Ar ôl eu concro, gorchmynnodd i'w barfau gael eu torri i ffwrdd iddo gael gwneud clogyn ohonynt. Roedd y clogyn yn llaes hyd at ei sodlau, ond roedd un darn o'r gwaelod heb ei orffen. Clywodd Rhita am y Brenin Arthur ac roedd ar dân eisiau cael ei farf i orffen ei glogyn. Anfonodd negesydd at Arthur i ofyn am ei farf, ond gwrthododd yntau. Felly, trefnwyd brwydr rhwng y ddau frenin. Pan ddaethant wyneb yn wyneb â'i gilydd, dywedodd Arthur wrth Rhita nad oedd ei farf yn ddigon mawr i

the area. According to legend, Rhita fought in turn with all of other the kings of Britain. After defeating them, he ordered that their beards be cut off to make a cloak for him. The cloak reached his heels, but there was one piece missing at the bottom. Rhita heard of King Arthur and wanted his beard to complete his cloak. He sent a messenger to Arthur asking for his beard, but he was refused. So a battle was organised between both kings. When they came face to face, Arthur claimed his beard

gwblhau'r clogyn. Yn wir, barf Rhita ei hun fyddai fwyaf addas. Ar ôl i filwyr Arthur ennill y frwydr, gorfodwyd Rhita i dorri ei farf ei hun a'i gwnïo ar waelod ei glogyn. Mae fersiwn arall o'r chwedl yn dweud bod Arthur a'i filwyr wedi dringo'r Wyddfa i ladd Rhita ac mai dyna pryd y codwyd y beddrod iddo.

Mae sawl math o graig ar yr Wyddfa sy'n adrodd hanes daearegol yr ardal. Yn ardal Llanberis, wrth gwrs, mae haen o lechi wedi'i ffurfio o laid a silt a adawyd gan lynnoedd, afonydd a moroedd 400 miliwn o flynyddoedd yn ôl. Yn nes at y copa, ceir haenau o graig a ffurfiwyd o lwch folcanig. Filiynau o flynyddoedd yn ôl, mae'n debyg fod copa'r Wyddfa ei hun yn ddwfn o dan wely'r môr; ceir ffosiliau cregyn ac ati yn yr haen dywyll o graig sydd ger y copa. Cafodd yr holl haenau o greigiau eu plygu a'u gwasgu gan rymoedd fel llosgfynyddoedd a daeargrynfeydd dros filiynau o flynyddoedd. Ffurfiwyd y tirlun ysgithrog rydym yn ei weld heddiw gan rewlifiant yn ystod Oes yr Iâ. Ar ôl i'r iâ doddi, gadawyd cymoedd, esgeiriau a llynnoedd hardd.

wasn't large enough to complete the cloak. Indeed, Rhita's own beard would be better! After Arthur's soldiers won the battle, Rhita was forced to cut off his own beard and sew it on to the bottom of the cloak. Another version of the legend says that Arthur and his soldiers climbed Snowdon to kill Rhita and consequently the tumulus was erected.

There are different kinds of rocks on Snowdon which relate the area's geological history. In the Llanberis area there are layers of slate formed from mud and silt left by lakes, rivers and seas 400 million years ago. Closer to the summit, there are layers of rock formed from volcanic dust. Millions of years ago, it seems that Snowdon lay deep under the seabed and fossils of shells can be found in the dark layer of rock near the summit. All the layers were folded and squeezed by forces such as volcanic eruptions and earthquakes over millions of years. The scenery of narrow ridges we see today was formed by glaciations during the Ice Age. After the ice melted, steep valleys, narrow ridges and beautiful lakes were left.

Dros y canrifoedd, bu llawer o fwyngloddio yn ardal yr Wyddfa, a thynnwyd copr, sinc, plwm a llechi o'r creigiau. Roedd y mwyngloddio yn ei anterth yn y bedwaredd ganrif ar bymtheg. Un o'r gweithiau mwyaf oedd Gweithfeydd Copr Britannia gerllaw Llyn Glaslyn. Caewyd y gwaith hwnnw yn 1917.

Mae nifer o chwedlau'n gysylltiedig â llynnoedd Eryri. Mae'n debyg fod y tylwyth teg yn arbennig o hoff o Lyn Coch. Yn ôl y chwedl, pennaeth lleol a roddodd ei enw i Lyn Teyrn. Ef yn unig oedd â'r hawl i bysgota â rhwyd i geisio dal y brithyll brown yn y llyn.

Rhai o lynnoedd yr Wyddfa.

Over the centuries there has been a lot of mining in the Snowdon area with copper, zinc, lead and slate being extracted from the rocks. The heyday of the mining era was in the nineteenth century. One of the most important mines was the Britannia Copper Works near Lake Glaslyn. This mine closed in 1917.

There are many legends linked to the lakes in the Snowdon area. It seems that the fairies were especially fond of Llyn Coch. According to legend, a local chieftain gave his name to Llyn Teyrn. He was the only one who was allowed to fish with a net to catch the brown trout in the lake.

Some of Snowdon's lakes.

Llyn Llydaw.

Mae Llyn Llydaw (190 troedfedd/58 metr o ddyfnder) yn gysylltiedig â'r Brenin Arthur. Credir mai i Lyn Llydaw y taflodd Bedwyr gleddyf y Brenin Arthur – Caledfwlch – ac mai oddi yno yr hwyliodd Arthur gyda morynion y mynyddoedd i Ynys Afallon. Mae chwedl arall yn dweud bod milwyr Arthur wedi ymladd eu brwydr olaf ym Mwlch y Saethau. Wedyn, aethant i gysgu mewn ogof yng nghrombil mynydd Lliwedd, rhag ofn y bydd eu brenin yn galw arnynt i ymladd yn erbyn y Sacsoniaid.

Llyn Llydaw (190 feet/58 metres deep) is linked to King Arthur. It is believed that after his last battle, King Arthur's knight Bedivere threw his sword into Llyn Llydaw and that Arthur was then taken on a ship to the Isle of Avalon with the maidens of the mountains. Another legend says that Arthur's soldiers fought their last battle in Bwlch y Saethau. Then, they went to sleep in a cave deep in Lliwedd mountain, ready to answer to their king's call to battle against the Saxons.

Mae chwedl llyn Glaslyn (126 troedfedd/38 metr o ddyfnder) yn dechrau ym Mhwll Llyn yr Afanc ar gyrion Betws-y-coed. Yno roedd afanc neu anghenfil dŵr yn byw. Roedd yn creu trafferthion mawr i'r ffermwyr lleol. Byddai'n gwneud i ddŵr y llyn orlifo a difetha'u cnydau. Methwyd cael yr afanc o'r llyn am ei fod yn fawr a chryf. Felly, gofynnwyd i ferch leol ganu, a chafodd yr afanc ei suo i gysgu. Pan oedd mewn trwmgwsg, llwyddodd ychen i'w lusgo'r holl ffordd i Lyn Glaslyn. Fe'i taflwyd i mewn ac ni welwyd mohono byth eto.

Adroddir chwedl enwog arall am Ddinas Emrys, sydd ar lethrau'r Wyddfa ger pentref Beddgelert. Roedd y brenin Gwrtheyrn yn ceisio adeiladu caer yno, ond bob nos byddai'r seiliau'n cwympo. Cafodd gyngor gan ei wŷr doeth fod rhaid arllwys gwaed bachgen heb dad ganddo dros y seiliau cyn bod modd adeiladu'r gaer. Ar ôl hir chwilio, cafwyd hyd i fachgen addas yn chwarae pêl yng Nghaerfyrddin. Emrys oedd ei enw, a chafodd y brenin a'i wŷr doeth eu rhyfeddu gan ei ddoethineb. Dywedodd wrthynt fod dwy ddraig yn byw mewn

The legend of Llyn Glaslyn (126 feet/38 metres deep) starts in a lake called Pwll Llyn yr Afanc near Betws-y-coed. A large beaver or water monster lived there who used to cause the local farmers trouble by making the water overflow, destroying their crops. They tried in vain to get the beaver from the lake but he was too large and strong. A local girl was asked to sing, and the beaver went into a deep slumber. When he was in this stupor, oxen were used to drag him all the way to Llyn Glaslyn. He was thrown in and was never seen again.

Another famous legend is associated with Dinas Emrys, on the slopes of Snowdon close to the village of Beddgelert. King Vortigern was trying to build a fortress there, but every night the foundations would fall in. His sages advised him that the blood of a boy who had no father had to be poured over the foundations before the fortress could be built. After searching throughout Wales, a suitable boy was found playing with a ball in Carmarthen. He was called Emrys, and the king and his sages were amazed by his wisdom. He told them about two

llyn o dan seiliau'r gaer. Roedd un yn ddraig wen (yn cynrychioli'r Sacsoniaid) a'r llall yn ddraig goch (yn cynrychioli'r Brythoniaid). Bob nos, byddai'r ddwy'n symud yn eu cwsg a dyna pam roedd seiliau'r gaer yn cwympo. Ar ôl cloddio i ryddhau'r ddwy ddraig o'r llyn, ymladdodd y ddwy, a'r ddraig goch oedd yn fuddugol.

dragons living in a lake underneath the foundations. One was white (representing the Saxons) and the other was red (representing the Britons). Every night, these dragons would move as they slept and this was why the foundations fell in. After digging to get both dragons out of the lake, they fought, and the red dragon was victorious.

Hawdd yw dwedyd 'Dacw'r Wyddfa'-
Nid eir drosti ond yn ara'...

Dyna ran o hen bennill sy'n dweud pa mor anodd yw dringo i gopa'r Wyddfa a'i neges yw 'haws dweud na gwneud'. Wrth gwrs, does neb yn gwybod pwy oedd y dringwr cyntaf i gyrraedd y copa. Un o'r rhai enwocaf i ddringo'r Wyddfa oedd Syr Edmund Hillary a ddaeth â'i dîm o ddringwyr i ymarfer yno cyn llwyddo i gyrraedd copa Everest am y tro cyntaf. Roedd y Cymro Charles Evans yn un o dîm Hillary.

Y botanegydd Thomas Johnson a nododd gyntaf sut y llwyddodd i goncro'r Wyddfa yn 1639. Soniodd sut yr

There is an old folk verse in Welsh which states that it's easy enough to say 'Snowdon's up there', but that it takes time to climb it. In other words, 'easier said than done'. Of course, no one knows who the first climber to reach the summit was. One of the most famous climbers associated with Snowdon was Sir Edmund Hillary. He brought his team of climbers to practice in Snowdonia before the first ever successful ascent of Everest in 1953. The Welshman Charles Evans was among Hillary's team.

The botanist Thomas Johnson was the first to record how he successfully reached the summit of Snowdon in

Gwelir y plac hwn yng ngwesty Penygwryd (gyferbyn), lle arhosodd tîm Hillary wrth hyfforddi i ddringo Everest.

This plaque is at the Penygwryd Hotel (opposite), where Hillary's team stayed while training to climb Everest.

TO CELEBRATE THE 45th ANNIVERSARY
OF THE CLIMBING OF EVEREST
1953 - 1998
JOHN HUNT

CHARLES EVANS
ALFRED GREGORY
EDMUND HILLARY
WILFRED NOYCE
GRIFFITH PUGH
MICHAEL WESTMACOTT
CHARLES WYLIE

GEORGE BAND
TOM BOURDILLON
GEORGE LOWE
JAMES MORRIS
TOM STOBART
TENZING NORGAY
MICHAEL WARD

eisteddodd ef a'i griw 'yng nghanol y cymylau' gan roi trefn ar y planhigion roeddynt wedi'u casglu ar y llechweddau serth.

Daeth Thomas Pennant i ddringo'r Wyddfa yn 1781 a sôn am ei brofiad yn ei 'Deithiau' enwog. Dechreuodd rhagor o bobl ymddiddori mewn dringo, a daeth dringo copa uchaf Cymru yn boblogaidd. Ond roedd ardal Eryri'n dal yn anghysbell. Newidiodd hynny pan agorodd yr A5 o Lundain i Gaergybi yn 1815 a Ffordd Bwlch Llanberis yn 1830. Erbyn hynny roedd cwt cerrig ar y copa, a charn a pholyn yn ei chanol wedi'i chodi gan yr Arolygwyr Ordnans. Roedd dynion lleol hefyd yn dechrau gwneud bywoliaeth yn tywys cerddwyr a rhai'n cynnig ceffylau i ddringo'r mynydd. Yn 1838 dechreuodd William Morris werthu bwyd a diod o'r cwt cerrig ar y copa ac erbyn canol y ganrif roedd nifer o gytiau pren yno. Un o'r rhain oedd Gwesty Roberts, a enwyd ar ôl ei berchennog, y tywysydd John Roberts. 'Y Clwb Oer' oedd enw un arall, a oedd yn eiddo i William Roberts. Er mai 'gwestai' oedd yr enw ar y rhain, mae'n debyg bod eu

1639. He states how he and his companions sat 'in the midst of the clouds' and sorted out the plants they had gathered on the steep slopes.

Thomas Pennant came to climb Snowdon in 1781 and he described his experiences in his famous 'Travels'. More people started to become interested in climbing, and reaching the highest summit in Wales became popular. But Snowdonia was still a remote area until the A5 from London to Holyhead opened in 1815 and the road over Llanberis Pass opened in 1830. By that time, there was a stone hut on the summit, and a cairn with a pole rising from it erected by the Ordnance Surveyors. Local men were also starting to make a living as mountain guides and some provided horses for going up the mountain. In 1838 William Morris started selling food and drink in the stone hut at the summit and by the middle of the century there were a number of wooden huts there. These included the Roberts Hotel, named after its owner, the guide John Roberts. Another, owned by William Roberts, was called 'Cold Club'. Although

cyflwr yn ofnadwy – roeddynt yn orlawn a'r gwesteion yn aml yn cysgu ar lawr.

Yn 1896, daeth tro arall ar fyd pan agorodd rheilffordd 'i ben yr Wyddfa fawr', chwedl cân Hogiau Llandygái. Dyma'r rheilffordd 'rac a phiniwn' uchaf ym Mhrydain o hyd, a chostiodd £76,000 i'w hadeiladu. Mae'r orsaf isaf yn Llanberis, 363 troedfedd (107.6 m) uwchlaw lefel y môr, a'r orsaf ar y copa 3493 troedfedd (1065 m) uwchlaw lefel y môr. Mae'r trac yn bedair milltir 1188 llath (7.53 km) o hyd, gyda thair dolen i drenau oddiweddyd ei gilydd a'r trenau'n teithio ar gyfartaledd o bum milltir yr

'Yr Wyddfa a'i chriw'.

these were called 'hotels', conditions were primitive and they were so full that guests often had to sleep on the floor.

1896 was an important year as a railway opened to the summit of Snowdon. It is still the highest rack and pinion railway in Britain and originally cost £76,000 to build. The lower station is at Llanberis, some 363 feet (107.6 m) above sea level, and the summit station is at 3493 feet (1065m). The track is four miles 1188 yards (7.53 km) long, with three passing loops. Trains travel at an average of five miles an hour. After the railway opened, it was possible to travel

The Snowdon Horseshoe.

awr. Ar ôl i'r rheilffordd agor, roedd modd teithio o Lanberis i'r copa ac yn ôl mewn ychydig dros ddwy awr.

Daeth tro ar fyd hefyd i'r ddau westy ar y copa yn yr un cyfnod. Daethant yn gyfrifoldeb i Gwmni 'Snowdon Mountain Tramroad and Hotels' (Cwmni Rheilffordd Fynyddig yr Wyddfa heddiw). Erbyn 1898, roedd y cwmni wedi dechrau ar y gwaith o'u hailgodi. Ond adeiladau pren oeddynt, ac erbyn y 1930au roeddynt wedi dirywio eto. Felly penderfynwyd codi un adeilad newydd yn eu lle, yn cynnwys caffi, gwesty a gorsaf. Daeth y gwaith adeiladu i ben yn 1935. Pensaer yr adeilad hwn oedd Syr Clough Williams Ellis, sy'n enwog am ei waith yn cynllunio pentref Portmeirion. Roedd Syr Clough wedi ystyried lleoliad yr adeilad ac wedi cynnwys ffenestri enfawr yn y cynllun er mwyn i bobl allu mwynhau'r olygfa. Ond dinistriwyd y ffenestri hyn mewn tywydd garw, a phenderfynwyd rhoi ffenestri llai yn eu lle.

Yn ystod yr Ail Ryfel Byd, cafodd yr adeilad ei ddefnyddio gan y lluoedd arfog i wneud gwaith dirgel fel gwaith radio arbrofol a datblygu radar. Felly, rhoddwyd y gorau i'w ddefnyddio fel gwesty.

from Llanberis to the summit and back in little over two hours.

The hotels on the summit underwent a change at the same time. The 'Snowdon and Mountain Tramroad and Hotels Company' took them over (this company is now known as the Snowdon Mountain Railway Company). By 1898, the company had started to rebuild them, but they were wooden buildings and had started to deteriorate again by the 1930s. So it was decided to build one new building instead, with a café, a hotel and a station. The building work was completed in 1935. The architect Sir Clough Williams Ellis, famous for his work on the village of Portmeirion, was responsible for the plans. Sir Clough had considered the building's location and had included large windows in the plans so that people could enjoy the view. Unfortunately these windows were destroyed in bad weather, and were replaced by smaller windows.

During the Second World War, the building was used by the armed forces for secret work on radio and radar development. After this it was no longer used as a hotel.

Ar y copa.

Made it to the top!

Dirywiodd yr adeilad yn ystod y degawdau ar ôl y rhyfel. Gadawodd y tywydd a fandaliaid eu hôl arno. Yn ogystal, roedd nifer yr ymwelwyr wedi cynyddu'n fawr er pan gafodd ei godi, a llawer o bwysau ar y cyfleusterau.

Cerddwyr oedd hanner y rhai a oedd yn defnyddio'r adeilad, felly cynigiodd Awdurdod y Parc Cenedlaethol brynu'r adeilad oddi wrth y Cwmni Rheilffordd. Llwyddodd y parc i gael grantiau cyhoeddus i wella'r adeilad yn y 1980au a'r 1990au. Erbyn canol y 1990au roedd tua 350,000 o bobl yn ymweld â'r caffi a'i gyfleusterau bob blwyddyn. Serch hynny, daeth i'r amlwg fod rhaid gwneud rhywbeth. Disgrifiodd y Tywysog Charles

The building deteriorated during the decades after the war. The weather and vandals left their mark. In addition, the facilities were under great pressure as the number of visitors had increased dramatically since it was first built.

Half of those using the building were walkers, so the National Park Authority offered to buy the building for a nominal sum from the Railway Company. The park succeeded in attracting grants to improve the building during the 1980s and 1990s. By the middle of the 1990s around 350,000 people used to visit the café and its facilities every year. However, it became obvious that something needed to be done. Prince Charles

yr adeilad fel 'y slym uchaf yn Nghymru'. Yn 2004, rhoddwyd caniatâd i adeilad newydd sbon gael ei adeiladu, dechreuwyd ar y gwaith yn 2006 ac erbyn gwanwyn 2008 bydd canolfan newydd i ymwelwyr wedi'i hagor.

Cwmni penseiri Furneaux Stewart sy'n gyfrifol am y cynllun newydd. Bydd dwy wal wydr i'r caffi fel bod modd gweld copa'r Wyddfa ei hun i un cyfeiriad (nid oedd yn bosibl ei weld o'r hen adeilad) a Moel Hebog i'r cyfeiriad arall. Bydd llawer o ddefnyddiau adeiladu lleol yn cael ei ddefnyddio, er na fydd y llechi ar y to'n rhai lleol.

described the building as the 'highest slum in Wales'. In 2004, permission was granted for a brand new building to be built. The work was started in 2006 and by spring 2008 a new visitor centre will be opened.

The new plans have been conceived by the architects Furneaux Stewart. The café will have two glass walls to view Snowdon's summit in one direction (it wasn't possible to see it from the old building) and Moel Hebog in the other direction. Local building materials will be mostly used, although the roof slates won't be sourced locally.

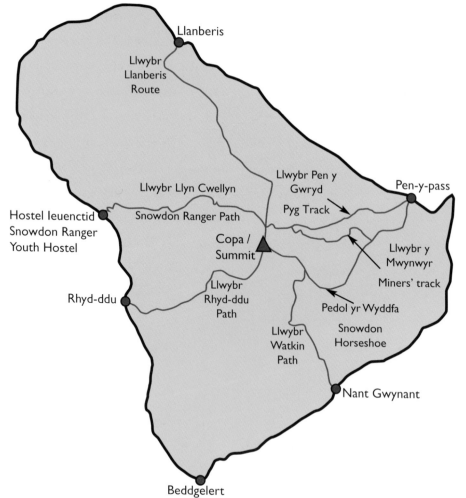

Llwybrau'r Wyddfa
Snowdon Footpaths

Llanberis

Llwybr
Llanberis
Route

Llwybr Llyn Cwellyn

Llwybr Pen y
Gwryd

Pen-y-pass

Snowdon Ranger Path

Pyg Track

Hostel Ieuenctid
Snowdon Ranger
Youth Hostel

Copa /
Summit

Llwybr y
Mwynwyr

Miners' track

Rhyd-ddu

Llwybr
Rhyd-ddu
Path

Pedol yr Wyddfa

Llwybr
Watkin
Path

Snowdon
Horseshoe

Nant Gwynant

Beddgelert

Mae'r degau o filoedd o gerddwyr a dringwyr sy'n mynd am gopa'r Wyddfa'n gallu dewis rhwng nifer o lwybrau. Y llwybr hawsaf, o bosib, yw **Llwybr Llanberis**, er nad dyma'r llwybr byrraf. Dyma'r llwybr sy'n cael ei ddefnyddio gan Ras yr Wyddfa. Cynhaliwyd y ras 10 milltir o hyd am y tro cyntaf yn 1976. Daeth 86 o redwyr i'r ras gyntaf honno, ac enillwyd hi gan Dave Francis o Fryste mewn 1 awr 12 munud 05 eiliad. Erbyn hyn, mae'r ras yn denu cannoedd o redwyr, ond does neb wedi curo amser Kenny Stuart o Keswick yn 1985 – sef 1 awr 2 funud 29 eiliad. Yn yr un flwyddyn sefydlwyd record arall gan y Gwyddel Robin Bryson. Rhedodd i'r copa mewn 39 munud a 47 eiliad. Mae'r ras yn cael ei chydnabod yn un anodd iawn, yn enwedig wrth ddod i lawr y mynydd pan fydd y coesau'n blino a'r traed yn llithro.

Mae llwybr **Pen y Gwryd** yn un o'r rhai anoddaf i fyny'r Wyddfa, felly rhaid cymryd gofal arbennig yn y gaeaf. Mae'n dechrau ym Mhen y Pass ac yn codi'n serth fel bod modd gweld Llyn Peris a Llyn Padarn ym mhen draw Bwlch Llanberis. Mae'r llwybr yn croesi Bwlch y Moch ac

The tens of thousands of walkers and climbers who aim for Snowdon's summit can choose from a number of paths. The easiest but not the shortest path is the **Llanberis Path**. This is the path used by the International Snowdon Race. The 10-mile race was first held in 1976. It attracted 86 runners and was won by Dave Francis from Bristol in 1 hour 12 minutes 5 seconds. The race now attracts hundreds of runners, but no one has yet beaten the time set by Kenny Stuart from Keswick in 1985 – 1 hour 2 minutes 29 seconds. In the same year the Irishman Robin Bryson set another record by running to the summit in 39 minutes and 47 seconds. The race is considered to be a very difficult one, especially when descending the mountain as legs get tired and feet slip.

The **Pyg track** is one of the most challenging paths up Snowdon, so special care should be taken in winter. It starts at Pen y Pass and rises steeply so that Llyn Peris and Llyn Padarn can be seen at the other end of Llanberis Pass. The path crosses Bwlch y Moch (Pig's Pass) and then rises and falls before following a

yna'n codi a disgyn cyn dilyn hanner cylch anferth a chyrraedd llwyfan o graig risial wen. Oddi yma ceir golygfa wych o'r Wyddfa ar draws Llyn Glaslyn. Mae rhan nesaf y llwybr yn igam-ogamu'n serth cyn cyrraedd Bwlch Glas, lle mae'n uno â Llwybr Llanberis tua'r copa.

Mae **Llwybr y Mwynwyr**, fel y mae'r enw'n awgrymu, yn gysylltiedig â'r gwaith mwyngloddio yn yr ardal. Cafodd ei adeiladu o Ben y Pass i Lyn Glaslyn yn y bedwaredd ganrif ar bymtheg i gyrraedd Gweithfeydd Copr Britannia. Byddwch yn pasio Llyn Teyrn, ac yn gweld olion hen farics y mwynwyr ar lan y llyn cyn dringo'n araf i Lyn Llydaw. Ar ôl mynd yn eich blaen ychydig, byddwch yn dod at y sarn a adeiladwyd gan y mwynwyr ar draws y llyn yn 1853 i gludo ceffylau a throliau'n llawn o fwyn copr. Byddwch yn pasio hen felin falu segur y gwaith copr ac yna'n dod at ran serth i fyny at Lyn Glaslyn. Wedyn mae'r llwybr yn dringo i fyny'r llechwedd i ymuno â Llwybr Pen y Gwryd ar y dde. Ar ôl dilyn y rhan igam ogam serth, mae'n cyrraedd Bwlch Glas ac yn uno â Llwybr Llanberis i fynd at y copa.

Mae **Llwybr Pedol yr Wyddfa** yn

huge semicircle and reaching a platform of white crystal rock. There is a fine view of Snowdon from here across Llyn Glaslyn. The next part of the track zigzags steeply before reaching Bwlch Glas, where it joins the Llanberis Path towards the summit.

The **Miners' Track**, as the name suggests, is linked to mining in the area. It was laid down from Pen y Pass to Lake Glaslyn in the nineteenth century to reach Britannia Copper Works. You will pass Llyn Teyrn and see the remains of old miners' barracks at the lakeside before climbing slowly to Llyn Llydaw. After a while, you will come to the causeway built by the miners across the lake in 1853 to transport horses pulling trolleys full of copper ore. You will pass the old copper works' crushing mill and reach a steep path up to Lake Glaslyn. The path then goes up the slope to join the Pyg Track on the right. After following the steep zigzags, it reaches Bwlch Glas and joins the Llanberis Path towards the summit.

The **Snowdon Horseshoe** is suitable for experienced walkers and

addas i gerddwyr a dringwyr profiadol. Gwell osgoi'r llwybr hwn ar dywydd gwyntog neu farugog neu os ydych yn ofni uchder. Mae'n dilyn llwybr Pen y Gwryd am dipyn ond wedyn, rhaid dringo Crib Goch, sy'n gul iawn a chwymp serth bob ochr iddo. Wedyn, rydych yn dod at Fwlch Coch ac yn mynd ymlaen i ddringo Crib y Ddysgl a chyrraedd copa Carnedd Ugain, yr ail fynydd uchaf yn Eryri. Ar ôl ychydig, byddwch yn uno â Llwybr Llanberis i fynd am gopa'r Wyddfa. Ar y ffordd i lawr o'r copa, er mwyn cwblhau'r 'bedol', rhaid dringo Y Lliwedd a Lliwedd Bach ac fe allwch ddringo'r chweched 'hoelen' yn y bedol, sef Garn y Wenallt os dymunwch. Wedyn, gallwch ddychwelyd heibio i Lyn Llydaw ac ar hyd rhan olaf Llwybr y Mwynwyr i Ben y Pass.

Mae **Llwybr Watcyn** yn dechrau ym Mhont Bethania, Nant Gwynant. Mae wedi'i enwi ar ôl Syr Edward Watkin, yr Aelod Seneddol a'r entrepreneur. Ar ôl ymddeol, daeth i fyw i Gwm y Llan ac adeiladwyd y llwybr i'r copa gan ei weithwyr. Agorwyd y llwybr i'r cyhoedd yn 1892 ac mae craig ar y llwybr yn

climbers. It is best to avoid this path when it's windy or frosty or if you are afraid of heights. It follows the Pyg Track for a while but then you ascend Crib Goch, a very narrow ridge with steep drops on each side. Afterwards, you get to Bwlch Coch and go on to climb Crib y Ddysgl. You then reach the summit of Carnedd Ugain, the second highest mountain in Snowdonia. After a while, you join the Llanberis Path towards Snowdon's summit. On the way down from the summit, to complete the 'horseshoe', you must climb Y Lliwedd and Lliwedd Bach and if you so wish, you can climb the sixth 'nail' in the horseshoe, Garn y Wenallt. On your return you will pass Llyn Llydaw and go along the final part of the Miners' Path back to Pen y Pass.

The **Watkin Path** starts at Nant Gwynant. It is named after Sir Edward Watkin, the Member of Parliament and entrepreneur. After his retirement, he came to live to Cwm y Llan and the path to the summit was built by his employees. The path was opened to the public in 1892 and goes past the

coffáu'r ffaith i William Gladstone y Prif Weinidog 83 oed ddod i'w agor. Dyma'r llwybr mwyaf serth gan ei fod yn dringo am 3,300 troedfedd (1025 metr). Bydd yn eich arwain trwy hen weithfeydd llechi Chwarel De'r Wyddfa a chewch weld rhan o'r hen dramffordd oedd yn cario llechi i Bont Bethania a'r barics lle roedd y gweithwyr yn byw yn ystod yr wythnos. Yn nes ymlaen, ar yr ochr arall i Afon Cwm Llan, bydd hen weithfeydd copr i'w gweld. Ar ôl dringo ychydig, byddwch yn cyrraedd y grib ym Mwlch Cilau a rhaid dringo tipyn wedyn i fyny llethr creigiog i gyrraedd y copa.

Llwybr Rhyd-ddu yw un o'r hawsaf i fyny'r Wyddfa. Ond mae'n debyg y bydd llai o bobl ar y llwybr hwn. Mae'n dechrau i'r de o bentref Rhyd-ddu ac yn codi'n raddol heibio i adfeilion hen gwt gwerthu lluniaeth i grib Llechog. Wedi mynd ymlaen ar hyd y grib, byddwch yn cyrraedd Bwlch Main neu y Cyfrwy. Wedyn bydd y llwybr yn dringo'n serth eto cyn ymuno â llwybr Watcyn wrth graig fawr. Ar ôl dringo llethr creigiog, sy'n gallu bod yn beryglus, byddwch yn cyrraedd y copa.

Gladstone Rock which commemorates the opening ceremony performed by Prime Minister William Gladstone when he himself was 83 years old. This is the path with the highest change in altitude as it rises 3,300 feet (1025). It goes through an old slate works and you'll see a part of the old tramway which transported slate and the barracks where the workmen lived during the week. Later on, on the other side of Cwm Llan river, old copper works are visible. After climbing for a while, you will reach the ridge at Bwlch Cilau and a rocky slope must be climbed to reach the summit.

Rhyd-ddu Path is one of the easiest up Snowdon but you will usually find fewer people here. It starts to the south of the village of Rhyd-ddu and rises gradually past the ruins of the old hut where refreshments used to be sold, up to Llechog ridge. After following this ridge, you will reach Bwlch Main or the Saddle. The path then climbs steeply again before joining the Watkin path by a large rock. After climbing a steep slope, which can be dangerous, you will reach Snowdon's summit.

Mae **Llwybr Llyn Cwellyn** hefyd yn un o'r hawsaf. Mae'n dechrau o hostel ieuenctid 'Snowdon Ranger' ar lan Llyn Cwellyn. Ar y dechrau mae'n dilyn llwybr ar hyd Rheilffordd Ucheldir Cymru sy'n cael ei hailadeiladu ar hyn o bryd ond a oedd yn arfer cludo teithwyr a nwyddau rhwng Dinas (Caernarfon) a Beddgelert. Wedyn mae'r llwybr yn codi'n raddol i Fwlch Cwm Brwynog ac yna ar hyd Clogwyn Ddu'r Arddu i Fwlch Glas rhwng yr Wyddfa a Charnedd Ugain. Yma mae'n uno â Llwybr Pen y Gwryd a Llwybr Llanberis tua'r copa.

The **Snowdon Ranger Path** is also regarded as one of the easiest, starting from the youth hostel of the same name on the shores of Llyn Cwellyn. At first it follows a path along the Welsh Mountain Railway which is being rebuilt at the moment but which used to transport passengers and goods between Dinas (Caernarfon) and Beddgelert. Then the path rises gradually to Bwlch Cwm Brwynog and then along the cliff face called Clogwyn Ddu'r Arddu to Bwlch Glas between Snowdon and Carnedd Ugain. Here it joins the Pyg Track and Llanberis Path towards the summit.

Gall pawb ddringo'r Wyddfa.

Anyone can climb Snowdon.

Cofiwch y gall cerdded yr Wyddfa fod yn beryglus. Bydd angen gwisgo esgidiau cryfion a chario dillad addas rhag i'r tywydd droi. Hefyd, dylai fod gennych fap, cwmpawd, chwiban, bwyd wrth gefn, fflachlamp a phecyn cymorth cyntaf. Yn anffodus, mae'r timau achub mynydd yn cael eu galw allan bob blwyddyn i achub cerddwyr a dringwyr sydd wedi mynd i drafferthion.

Does dim dwywaith fod i'r mynydd le arbennig yng nghalonnau'r Cymry ac eraill ledled y byd. Pan lansiodd yr Ymddiriedolaeth Genedlaethol apêl i brynu 4,000 erw o dir yr Wyddfa ar ddiwedd y 1990au, codwyd dros £4 miliwn mewn byr amser, a'r actor Syr Anthony Hopkins yn cyfrannu tua chwarter yr arian ei hunan.

Yn 1964, sefydlwyd Gwarchodfa Natur Genedlaethol yr Wyddfa i roi gofal arbennig i dirlun, planhigion, a bywyd gwyllt y mynydd. Mae'n cael ei rheoli gan Gyngor Cefn Gwlad Cymru. Mae'r Wyddfa'n gynefin i rywogaethau prin fel y frân goesgoch a chwilen yr enfys yn ogystal â rhai mwy niferus fel y geifr gwyllt.

Remember that walking Snowdon can be dangerous. You will need to wear stout shoes and carry suitable clothing in case the weather changes suddenly. Also, you should have a map, a compass, a whistle, spare food, a torch and a first aid kit. Unfortunately mountain rescue teams are called out every year to save walkers and climbers who have experienced difficulties.

There is no doubt that the mountain has a special place in the hearts of the Welsh people and others throughout the world. When the National Trust launched an appeal to buy 4,000 acres of Snowdon's land at the end of the 1990s, £4 million were raised in no time, with the actor Sir Anthony Hopkins making a personal contribution of around a quarter of this sum.

In 1964, Snowdon National Nature Reserve was established to care for the mountain's landscape, plants and wildlife. It is managed by the Countryside Council for Wales. Snowdon is a habitat for rare species such as the chough and the rainbow beetle as well as more common ones such as the wild goats.

Un o'r blodau prinaf sy'n gysylltiedig â'r ardal yw Lili'r Wyddfa *(Lloydia serotina)*, ac ar ryw chwe chlogwyn un unig yn Eryri y mae'n tyfu. Y botanegydd Edward Llwyd (1660-1709) a ddaeth o hyd iddi gyntaf yn haf 1688. Mae'n

The Snowdon Lily (*Lloydia serotina*) is one of the rarest flowers associated with the area and only grows on around six slopes in Snowdonia. It was first

blanhigyn gweddol gyffredin mewn ardaloedd arctig ac alpaidd, ond ar lechweddau Eryri'n unig mae i'w weld ym Mhrydain. Mae'n tyfu mewn holltau creigiau sy'n wynebu'r gogledd neu'r gogledd-ddwyrain ac am ychydig o wythnosau'n unig yn yr haf y mae'n blodeuo. Blodyn gwyn a rhai gwythiennau coch sydd iddo. Ar adegau eraill o'r flwyddyn, dim ond dail hir cul tebyg i laswellt gwydn sydd i'w gweld. Mae'n cael ei warchod o dan y Ddeddf Bywyd Gwyllt a Chefn Gwlad. Oherwydd cynhesu byd-eang, y gofid yw y gallai Lili'r Wyddfa ddiflannu'n gyfan gwbl wrth i'w chynefin newid.

discovered there by the botanist Edward Llwyd (1660-1709) in the summer of 1688. It is a fairly common plant in arctic and alpine areas, but in Britain it's only found in Snowdonia. It grows in rock crevices facing north or north-east and only flowers for a few weeks in the summer. It has a white flower with reddish veins. At other times of the year, only long thin leaves similar to blades of grass are visible. It is protected under the Wildlife and Countryside Act. Because of global warming, there is concern that the Snowdon Lily could disappear altogether as its habitat changes.

Mae Lili'r Wyddfa'n symbol o'r Wyddfa ei hun. Fel y mae angen amddiffyn y blodyn, felly hefyd mae angen gofalu am y mynydd cyfan rhag colli cynefinoedd a rhag i'r llwybrau a'r copa erydu o dan bwysau'r holl ymwelwyr. Mae'r Wyddfa wedi ysbrydoli cerddwyr a dringwyr, arlunwyr, beirdd ac awduron dros y canrifoedd. Ond i ni ofalu amdani, bydd yn dal i wneud hynny i'r dyfodol.

The Snowdon Lily is a symbol of Snowdon itself. Just as the flower needs to be protected, the whole mountain has to be looked after so that habitats aren't lost and the paths and the summit don't erode due to the pressure of all the visitors. Snowdon has inspired walkers and climbers, artists, poets and authors over the centuries. If we look after it, it will continue to do so in the future.

Dymuna'r cyhoeddwyr ddiolch i'r canlynol am gael defnyddio'r lluniau a welir ar y tudalennau hyn:
The publishers wish to thank the following for granting permission to use the photographs on these pages:

4/5, Peter Brown; 11, Graham Howells; 2, 20/21, 30, 31, Steve Lewis.

Pob llun arall gan: Martin Cavaney
Every other picture by: Martin Cavaney

Lluniau clawr ychwanegol: © Andrew Blankley: www.fotolia.co.uk; Fran Evans (allan o *Wendi Wlanog a Lili'r Wyddfa*)
Additional cover pictures: © Andrew Blankley: www.fotolia.co.uk; Fran Evans (*Woolly Wendy and the Snowdon Lily*)

Hoffai'r awdur gydnabod y ffynonellau isod:
The author wishes to acknowledge the following sources:

Cydymaith i Lenyddiaeth Cymru, Golygydd Meic Stephens, Gwasg Prifysgol Cymru.
Hen Benillion, T.H. Parry-Williams, Gwasg Gomer.
Guide to Wales' 3000-Foot Mountains, H Mulholland, Mulholland, Wirral.
Y Naturiaethwr, Cylchgrawn Cymdeithas Edward Llwyd, Cyfres 2 Rhif 18, Gorffennaf 2006.
Campau Saith Cawr, Brenda Wyn Jones, Gwasg Gomer.
www.snowdonrailway.co.uk
www.eryri-npa.co.uk
http://en.wikipedia.org/wiki/Snowdon
http://gwaithmaes.org/rhifyn_new/rhifyn32/copa_cymry.htm
www.bbc.co.uk/cymru/gogleddorllewin/safle/chwedlau/pages/afanc1.shtml
www.snowdonrace.com
www.hightrek.co.uk/climbing/peak/snowdon.htm

Cyhoeddwyd yn 2007 gan Wasg Gomer, Lladysul, Ceredigion SA44 4JL
Published in 2007 by Gomer Press, Llandysul, Ceredigion SA44 4JL

ⓗ Gwasg Gomer 2007 ©

ISBN 978 1 84323 823 2

Cynllun y clawr/Cover design: Sion Ilar